Mai Louise Falsig

Dieselpartikler

Digtsamling

Titel   : Dieselpartikler
Forfatter: Mai Louise Falsig

BOOKS ON DEMAND

Dieselpartikler
© Mai Louise Falsig

Tekst:	Mai Louise Falsig
Forsideillustration:	Morten Schnedler
Forla :	Books on Demand GmbH, København, Danmark
Produktion :	Books on Demand GmbH, Norderstedt, Tyskland

ISBN: 9788771142860

1. udgave 1. oplag
2011

Udgivne bøger af samme forfatter:

Børnebogen : Venstre og Højre tager på udflugt på
egen hånd
Krimien : D-Skål mysteriet En sag for Johanson
Krimien : Antikvarboghandleren
Børnebogen : Da Lasses mor døde
Digtsamlingen: En forbasket god kop kaffe –
Det rejsende digt
Romanen : Uheldige Sædvaner

"Vi omtumles af bølgen;
men vi synker ikke"

Min families Våbenskjold

Fluctuat nec Mergitur
(Det omtumles af bølgen;
men det synker ikke)

Livet
Er et oprørt hav
bølgerne slår mod sindet
hvide toppe
kildrer din sjæl
svært at navigere

Havblik
roen gør det muligt
at holde
den afstukne kurs
jeg er kaptajn
dog er jeg
kun en marionet
lystrer havets
mindste vink

Havneindløbet
er i sigte
lodsen kommer ombord
jeg lægger til kaj
livet er forbi
jeg klarede det
trods bølgernes raseri
mit liv
jeg omtumles af bølgen
men jeg synker ikke

ÉN

I går hørte jeg på gaden én
stå og tale med én
om én de kendte godt
der kom sammen med én
som havde svigtet én
der havde forladt
én som var skilt fra én
der var datter
af én hvis mor var gift
med én
som havde mistet forstanden
har nok i én
vi elsker os selv mest
men når sladderen går
er én, som én er flest
godt vi har hinanden.

Ensom

på gaden omgivet af
mange mennesker
kører i tomgang
som taxaen på holdepladsen
stinkende dieselpartikler
finder vej til
mine lunger
ensom
hiver efter vejret
li'som den enlige tulipan
suger vand
ensom
i sin vase
taget ud af en helhed
frarøvet sit løg
ensom
selv stole og lysestager
er bedst i par

Alene
ingen værdi
ensom
som den dinglende
smøg i mundvigen
der bliver suget
for al sin kraft
og bliver til aske
ensom

Husspektakler

Din hånlige latter
gør mere ondt end
dine spark og slag
den klemmer min sjæl
og gør den skade
dag for dag
de bankende næver
rammer min krop
som bare er kød
der ikke mere ænser
de hårde spark
som gør min hud så rød
din terror mod min psyke
er det værste, jeg ved
det hele skyldes
siger du
din store kærlighed
jeg ringer trykker
en-en-to med
tårevædet blik
hos politiet sukker man
hvorfor
dog den panik
de siger
det er jo bare husspektakler, jeg
fryser bliver kold
det er åbenbart ikke
så farligt når det kun
er hustruvold

Det danske sprog

Hej fremmede kom lyt og lær
det danske sprog kan være svær
dog ej som svær på flæskesteg
hør nu hvad jeg fortæller dig
jeg taler ej om dej så sød
hvoraf der bages wienerbrød
det kan vist gi dig åndenød
og ikke nød som knækkes kan
skønt skallen den er godt i stand
dem spiser man ved juletid
hvor sneen falder tæt og hvid
man er så venlig, god og ren
men ej som julemandens ren
det første er, når bad man tar
den anden foran slæden har
måske på loftet vi en luge
bør lave til vor julemand
han ikke skorstenen kan bruge
det siges, han er godt i stand
men først da bør vi luge ud
jeg med det samme starte bør
på hovedet tar en gammel bør
min isse jeg beskytte skal
om hjernen er en sårbar skal
som fremmed du på kursus må
i byens hal det foregå
nej stop en halv er ej i dag
er ganske sikker i min sag

Hård ikke hår betyde kan
som fremmed fra et andet land
din ballast gør nok, du er hård
på hovedet da har vi hår
men nu vi knytte vil et bånd
ta´ skeen i den anden hånd
det bedste der nu kunne ske
er du i Danmark falder té
hvad om du talte, tavshed brød
og åbner ind til sprogets dør
og helst i tide før du dør
på sprogets fælder ej har tal
men hvis en dom jeg fælde skal
det danske sprog umuligt er
men lyt, og tal skønt den er svær.

Helvedesild

En nervesygdom
brændende smerter i
huden
døde
manden med leen
kiggede forbi
mit nummer var
trukket

Brændende smerter i
huden
afventede
himmelekspressen
en elevators dør
gik op
kun én knap
Kælderen

Djævlen bød velkommen
jeg frøs
skønt
brændende
smerter i
huden

Heden var
uudholdelig
flammerne
slikkede op ad mit ben
brændende smerter i
huden
det kan man sku kalde
helvedesild

Råb om hjælp

Jeg fører kniven
langsomt
over mit venstre
håndled
blodrillen ligger
parallelt på række
med de andre spor

De blodrøde streger
gør ondt, men
de er en forløsning
jeg taler gennem mine
ar, kommunikerer
mange knudrede ar
er tidligere råb

Ingen lytter, måske
fordi
jeg går i tunika
med lange ærmer
for at skjule mine nødråb
vanvittigt, for
ærmerne forhindrer andre
i at se mine skrig

Blodet løber ned
ad min arm
jeg slikker, lugter, ser
er bevidst om min nød

Jeg taler bedst via
ar og farver
farven rød

Sort er in

Asfalten er sort, grå
frastødende
den opsuger de
sparsomme lysstråler
der gennem de
ødelagte glas
i gadelamperne
forsøger at skabe tryghed.

Sort er in
Min sjæl er sort, dækket
af de mørke
regnvåde skyer
der er opstået som følge
af dit svig
mine sorte nylonstrømper
og de sorte stiletter
falder i ét med asfalten

Sort er in
Min mascara er sort
sort som stregerne
omkring mine øjne

Sort er in
Tredje generations
indvandrer
fra Jomfruøerne
min hud er sort
mit jomfruelige jeg er
for længst borte
det eneste hvide
jeg besad

Sort er in
Den lille sorte
som jeg har på
nu
vi skulle fejre din
udnævnelse
fuldender billedet
kun min røde skindjakke
lyser op
malplaceret, hører ikke
hjemme
i mit sorte univers

Sort er in
Hun var i
en hvid sommerkjole
en kontrast til mig
din sorte hustru
du valgte det hvide
uskyldsrene
du anede ikke, at
da du trængte ind
i hende
blev I selv sorte
malet
af utroskabens skyld

Sort er in

Refleks

Mine reflekser er
i orden
jeg rykker min fod
og skaber afstand
mellem
strået og min hud
du ler og bruger
i stedet
det halvt visne strå
som tandstikker

Solen spiller i sveddråberne
på dine høje tindinger
smilet når
dine øjne

Du kærtegner min krop
dine kyndige hænder
løsner min top
du tømmer termoflasken, og
det kolde vand
får mine brystvorter
til at blive hårde
jeg hiver i dine shorts
du er
allerede hård

Du trykker græsset fladt
for at afdække de læber
der er parate til at
modtage dig
du glider ind i mig

Mine reflekser er
i orden
jeg rykker min krop
og skaber friktion
mellem
din penis og min skede
du stønner og bruger
i nuet
din cremede sæd
som livgivende dråber

Solen spiller i sæddråberne
på din indsmurte glans
smilet når
dine øjne

Stalker

Mine fodsåler
hamrer mod vejen
pulsen er høj, og
sveden strømmer ned
over mit ansigt
ud af alle mine porer
mit tøj er klamt,
gennemvædet
stanken er ram
overdøver min deodorant

Lugten af sved
blander sig med min angst
adrenalinen pumper
jeg kan høre hans
hurtige løb
ikke langt bag mig

Min bil kommer til syne
på parkeringspladsen
snart i sikkerhed

Den evindelige frygt

Hver gang jeg motionerer
mærker jeg jagten
som et rådyr på flugt
hvem er han
min stalker
den hemmelige beundrer
som gør mit liv
til et helvede

Hvidt til sort.

Hvor er hun smuk
min brud, klædt i uskyldsrent hvidt
kommer hun langsomt
op ad kirkegulvet gennem tonerne
fra Lohengrin

Bliver jeg bedraget, dækker
den ærbare farve over
noget skjult
over rødt - ild, fare
og aggressivitet
over gult - gavmildhed og
evighed
kan vi så aldrig skilles
over grøn - en umoden frugt
som jeg plukker
for tidlig
over blå - fjern og
hemmelighedsfuld
hvid - en keltisk druide
kunne hun ha' viet sig selv
hun har slaviske træk
hvid - sorgens farve
jeg har vundet hun har
overgivet sig, bærer
det hvide flag

bliver hun alligevel
ikke min
er hun et hvidt
offerdyr
tiltænkt de himmelske
guder, jeg ser igennem
hende
hun er uvirkelig, uskyldsren
et spøgelse

Jeg er fortabt allerede klædt
i sorgens farve
sort.

Forfaldet

Forfaldet viser sine sindrige muligheder
sikker på at dens forrådnelsesproces
højrøvet og ond laver
den nødvendige virak
oplever sanser svækkes
alligevel tror vi reelt på
det evige liv
man går en lille smule i opløsning
fra den første vejrtrækning
det kører ned ad bakke
fra dag ét
letfordærvelig

Forfaldet …er .i.. sin….. .ulighed..
.ikke.. .. .ens for…………
høj….. og … lav..
den nød……. vi…
oplever ….er …….
alligevel ….. .. reel. ..
det evige liv
… går .. ….. ….. i opløsning
fra … første vejrtrækning
… kører ned .. …..
fra dag ét
letfordærvelig

...faldet ...er ....

....

....

... .

....

.... reel. ..

det evige liv

... ... i opløsning

... ...

... .

... .

letfordærvelig

...faldet ....

....

....

... .

....

....

... . liv

... ... i opløsning

... ...

... .

... .

...fordærvelig

....

…… .. .. …. …………………
…….. .. … …..
… ………… …..
……. …… …….
……… …. … ….. ..
… ….. …
… … .. ….. ….. i opløsning
… … ……. …………
… ….. … .. …..
… … ..
…fordærvelig

……… ….. …. …….. ……….
……. .. .. …. ………………
…….. .. … …..
… ………… …..
……. …… …….
……… …. … ….. ..
… ….. …
… … .. ….. ….. . ………
… … ……. …………
… ….. … .. …..
… … ..
………..lig

Farvel

Jeg siger
farvel, hvorfor mon dog
de skal jo ingen steder
bliver i huset
skal i seng
slukker lyset, de bliver
de skal ikke
på farten
ønsker dem vel, bestemt
men vejen fra
hoveddøren
til dobbeltsengen, er
vel ikke en rejse
det er mig
der skal køre
men jeg får
et *Hej med dig*
de siger ikke, vel
på rejsen

Jeg lukker døren
starter bilen
mon jeg når sikkert
hjem
ingen ønskede
farvel

En sommerdag

På sådan en herlig sommerdag,
så fyldt med dufte og fuld a' smag,
da får jeg brændende kinder.

Det skyldes ikke rougen rød,
men derimod nok solens glød,
den stråler varmt og skinner.

Der mindes jeg tiden langt tilbage,
mindes de lune sommerdage,
en rejse ad mindernes sti.

Hvor tankerne flyver så hastigt forbi,
de vækker et vemod og stort behag,
på sådan en herlig sommerdag

Coat of Arms

Vi mødtes tilfældig på Coat of Arms
to ensomme skibe i natten
jeg legede med min armlænkes charms
du bundede whiskysjatten

De gråsprængte skægstubbe på din kind
fortæller om hårde stunder
der skabte din bitterhed, dit mørke sind
endnu en whisky du bunder.

Din hæse stemme er sensuel
den skyldes for mange smøger
jeg kender det, vanen har jeg selv
med dårlige lunger døjer.

Der sidder vi så og bunder om kap
mens livet passerer revy
du giver min hånd et lille klap
ser kærligheden på ny

Jeg nyder godt af det mørke lys
foundation og andet der dækker
du giver mig nu et forsigtigt kys
og ænser knap nok hudens sprækker

Den næste morgen da var han væk
med kurs mod endnu en havn
det var så det, to fugle på træk
han lå trods alt i min favn

Tømte glasset - den flade smag
essensen af hele mit liv
parat til at møde endnu en dag
af smøgens tog sidste hiv

Forleden nat

Min kæreste skat
forleden nat
da kulden duggede ruden
fik jeg imens
en drøm så intens
med hovedet nede på puden
en drøm ret profan
fyldt med oktan
jeg helst havde været foruden
på oprørt hav
af gyldent rav
navigerede blændet skuden
hvad gjaldt mit togt
mon noget smukt
nej frugten som er forbuden
var våd af sved
min krop var hed
den drøm krøb ind under huden

Stod op i en døs
fik fat i en pøs
jeg panisk greb ud efter kluden
min hjerne gøs
og kroppen frøs
da kulden duggede ruden

Lyset

Han har set
lyset
hvornår det skete
står hen
i det uvisse
men lyset
så han

Har han været blind
levede i
Mørke
er nu flyttet
hvordan
fandt han vej
hvad gjorde han før
var natmand
og bødlens hjælper
hovedafbryder
der slukkede lyset
som han ikke kendte
fra guillotinen til
skriftestolen

Hvornår det skete
betyder mindre
han har set
lyset.

Livets mange veje

En bil suser forbi
støvet lægger sig
jeg ser de tre muligheder
endnu en korsvej
ligeud er let
skal ikke dreje, mine
fødder befaler mig
den lige vej

Hvad mon venter
ad vejen til højre
skiltet et
frønnet bræt
udviskede bogstaver
falmede, grønne
som er håbets
farve, er det
vejen fyldt med håb
til højre
mine fødder vil
ligeud

Til venstre
intet skilt, hvad
venter, kan man tage
en vej, uden skilt
Endnu en bil suser forbi
da støvet igen lægger sig
ser jeg de tre muligheder
jeg går
tvinger mine fødder

til venstre

Nej

En underlig mand
kom forbi vores dør
han sagde, han var
hellig, et orakel
clairvoyant
han ville spå
om vores fremtid
vi afslog
lukkede døren

En underlig mand
når han
kan se ind
i fremtiden
hvorfor spurgte han
når han vidste
han ville få et
nej

Cafe Latte

Jeg trækker stolen
ud
sætter mig
på den eneste ledige
plads
caféen er
som besat
erobret
af uniformerede
konforme individer
der trods trangen
til at være
sig selv nok
er flokdyr der
søger fællesskabet
mælkeskægget er
deres medlemsbevis
de hører til her

Tjeneren spørger
jeg
bestiller the
nidstirres
er på et kort sekund
sat udenfor det fælles
en fremmed
på en café

Borte med blæsten

Smart med de smarte
jeg vil mærkes, ses
skille mig ud
fra mængden
min Chanel taske
hænger
skødesløs over skulderen
mærkevarer, dyre stiletter
perfekt
ikke et hår
må sidde forkert
frisøren er færdig
der er en gudinde
i spejlet, hun glatter
på spadseredragtens nederdel
nyder de beundrende
blikke
starter bilen
en rød Mercedes cabriolet

Her er det
filmen knækker
vinden suser
gennem lokkerne
den dyre
perfekte frisure er i kaos
mit sind er i oprør
facaden krakelerer
gudinden er
borte med blæsten

Udenstop

Denevindeligtsnakkendetelefonsælgerinsisterer vedholdendepå,atjegskalhørehanslovprisningertil ende.Produktet,altsåavisen,somhanvilsælge,eren avis,manmåholde.Jegforsøgerforgævesat sigenej; menhansordstrømvilingenendetage.Dahanefter femminuttersenetalestadigikkeskalholdeindeforat trækkevejret,opgiverjegatkommetilordeogsmækker røretpå.

Kommaet

Køberen talte
i telefonen
med auktionarius
som nævnte
vurderingsprisen
Køb ikke for dyrt
var køberens svar
det seneste bud
blev fortalt i røret
og køberen var i sit es
Køb, ikke for dyrt
lød hans ivrige stemme
men ak som han
ventede hammerslag
kom endnu et bud
fra salen
Køb ikke, for dyrt
lød hans stemme spagt
det var nærmest
et suk.

Folkedomstolen

Historien spreder sig
som en steppebrand
han er dømt, aviserne
har talt
læserne beretter lystigt
har I hørt

Tv-aviserne myldrer
med billeder, han er stemplet
en morder, en usling

Vi vidste det
siger nogle
dagens emne
ugens, tiden går
politiet giver op
ingen beviser
manden løslades

Sladderen tager til
ingen røg uden en brand
siger man
det var nok ham
dømt, fordømt
folkedomstolen
tager aldrig fejl

Jeg'et

Jeg skutter mig lidt i kulden
byen er øde og forladt
kun husene er blevet tilbage
de havde ingen steder
at tage hen
hvem vil have en brugt by
selv min ginflaske er tom
de våde gader illuderer
trods alt en smule liv

Jeg fryser
de tynde nylonstrømper
og den korte nederdel
giver ingen varme
de farvestrålende lys
fra neonreklamerne
skriger på opmærksomhed
forgæves, her er kun mig
regnen forsøger
at spærre mig inde
bag et gitter af vand
jeg er afsondret
i nattens mørke
mascaraen løber
i kapløb med vandet
ned ad mine kinder
for at nå mine læber
larmen er utålelig, aldrig
har stilheden lydt så højt

Mine stiletter
sidder fast mellem brostenene
fanget af vejen
falder omkuld og opløses af vandet
flyder i ét
med neonreklamernes lys
nu er byen helt affolket
kun Jeg'et er i udvandet form
til stede

Min fars kærlighed

Det er vinter
han kravler stille ind
under min dyne
hænderne masserer min krop
for at jeg skal få varmen
min far elsker mig højt
forlader sin lune seng
for at varme mig
hans datter

Min mor må ikke få at vide
hvor højt han elsker mig
hun bliver jaloux
siger han
utroligt han elsker også
mor så højt, at han
vil skåne hende for
jalousiens kvaler

Hvordan kan et menneske rumme
så megen kærlighed på
én gang
hænderne klemmer
mine små bryster blidt
han kysser mig i nakken
jeg forsøger at kravle væk
fanget af hans favntag

Jeg væmmes og græder
hvorfor kan jeg ikke rumme al
hans kærlighed
mine ben spredes behændigt
han ser på mig med milde øjne
hovedet sænkes i mit skød
han slikker mig forneden
som var jeg et bæger fyldt
med trøffelcreme

Han kysser mig godnat
går ind til sig selv
jeg hører dobbeltsengen
knirke vildt
nu elsker han mor
jeg hulker
min fars kærlighed
spreder afsky og had
hos min mor spreder den glæde
hun stønner højlydt
hun nyder
min fars kærlighed

En dyne af sne

dækker mosset
som har besejret min græsplæne
mine gamle visne roser
der ikke
blev klippet ned i foråret
de forpjuskede
sommerfuglebuske
haven er gammel
fra nitten hundrede og fyrre
hvad kan man forvente
af en pensionist

Nu er min have
lige så pæn
som alle andre
sneen lægger
en barmhjertigt hvid dug
dækker op til vinterens
komme
min sorte samvittighed
vaskes ren af sneen
jeg retter ryggen
fri for naboernes vrisne
blikke
den jomfrunalske genbo
som kun venter på
at hendes veninde
frøken tø skal afsløre
min haves forfald
aldersfascist!

En ørehænger

En ørehænger suser forbi
mit øre, det er ren magi
jeg sidder her i mit logi
er rede til at gå i hi
en ørehænger suste forbi
musikken fra en symfoni
som bærer tallet nummer ni
den vækker simpel eufori
"An die Freude" kan jeg li'
en ørehænger suste jo forbi
der er balance, energi
ingen leflen, fjolleri
den vækker ikke apati
forførelse, et sværmeri
en ørehænger suste forbi
om broderskab og harmoni
og fællesskabets synergi
i EU står hinanden bi
med denne skønne melodi
en ørehænger kom forbi
freude – glæde – poesi
bekæmper had, xenofobi
den flyver som en kolibri
i fællesskabets utopi
en ørehænger suste forbi

Flashback

I korte glimt ser jeg
fortiden
den forfølger mig
som en Stalker
dag og nat

Billederne på min indre skærm
kører konstant i
et slideshow

Jeg gennemlever mit liv igen
og igen
de gode minder står kun
på skærmen i
få sekunder, de
rædselsfulde øjeblikke
vises i slowmotion
siden som
et stillbillede
dvælende

Stirrer mod solens kraftige
røde og gule stråler
lyset går ind på
nethinden, men
skærmen viser billederne
endnu klarere, trods
modlyset

Fortiden dominerer
mit liv, nutidens
brede autostrada
kvæles, overskygges af
mindernes sti

Den stinkende materie
farvelægger billederne
i en underlig gul farve
som gamle fotografier
der har stået
for længe i solen

Varmen fra diasfremviseren
får mine hjerneceller
til at boble
afbryder jeg strømmen
slukkes
de også
endnu et klik
næste billede

Jeg går længere ud
vandet opsluger mig langsomt
havet lukker sig over
mit hoved
fugten forårsager en kortslutning
billederne forsvinder fra
skærmen, endelig
fred

Nu

Nærmer sig julen
vi er i april, og granerne
venter
i skoven

Min påskelilje i
vasen står, den knejser og
virker
lidt hoven

Min tid er kostbar den
flyver af sted, det skønt dens
ejer
er doven

Om lidt vil min sommer
gå på hæld, og sneen blidt
drysse
fra oven

Igen giver julen
den mørke december
skuddet
for boven

Sjælens frelse

Min krop skal være i balance, perfekt
jeg fortæller verden, at jeg er
glad, smiler og ler
tjekket, udadvendt
alle elsker mit selvsikre
væsen, min humor spreder
glæde, munterhed og
sammenhold
som den fødte leder er jeg
selvskrevet til
direktørstillinger
kæmpe villa, lækker BMW
enorme aflønning
jeg fremviser en vinder

Min sjæl, det interne univers
er i kaos
mørke regnfulde skyer
oversvømmer mit indre
sjælen crawler igennem
vandmasserne
forsøger at holde sig oven vande
når til den glatte kant og kæmper
desperat for at undslippe
undgå den grusomme
druknedød
den må slippe taget
suger vand i lungerne
gisper efter luft, kvæles
min sjæl er en taber

Hvis jeg krængede sjælen ud
inden det var for sent
ville alle se mig
som en taber
men mit indre kaos ville
ophøre, jeg ville boble
af glæde indvendig

tør jeg mon
mit sind er en tvivler

Fodspor i sneen

Jeg kæmper mig frem
ad skovstien, der er
dækket af et tykt lag sne

Ser mig
tilbage og betragter
de tydelige aftryk
som jeg har sat i sneen
et bevis på
at jeg har eksisteret
været her, levet
de er sat tidligere
i mit liv
et kort sekund, nogle
minutter, en time
før nuet, øjeblikke
jeg har passeret
og ikke mere
kommer tilbage til

Ser mig
vandre videre til det næste
nu
i det øjeblik jeg
løfter min fod
og forlader aftrykket, er dette
fodspor allerede en del
af min fortid
katalogiseret
sammen med de andre minder

Ser min bil
som jeg forlod tidligere
i mit liv, parkeret
for enden af
skovvejen, den
vil i fremtiden
atter blive en del
af nuet

Ser mig
træde
i de samme spor, som
jeg satte, da jeg forlod bilen
fodsporene i sneen er
på én gang min fortid
nutid og fremtid
genkendeligheden, jeg mærker
at jeg har været her før
det gør mig tryg
fodaftrykkene er forsvundet
når sneen tør
en del af mit liv smelter,
efterlader den brune
skovsti
beviserne på, at jeg engang
levede her
er væk

Bristede forventninger

Min sorte Earl Grey the
står og trækker
i tepotten
det kogende vand
suger al kraften
og aromaen ud af bladene
forsigtigt hælder jeg teen
op i kruset
den varme, gyldne
væske
vækker forundring
stod der ikke sort the
på posen

De firs grader er nået
temperaturen skal være
præcis
vandet hælder jeg
over den grønne, økologiske
the, Gunpowder
spændt venter så på
at se, den smukke,
grønne farve
er den mon lime
eller smaragd
teen hælder jeg op i kruset
den varme, gyldne
væske
vækker forundring
stod der ikke grøn the
på posen

Endelig ikke koge
for varmt vand skulle nødig
ødelægge aromaen i min
sarte fine Kenya white Silvertips
den hvide the
som kun er
for kendere
er den hvid som mælk
elfenbensfarvet eller
som kridt
thesien lægges i køkkenvasken
jeg hælder teen op
i kruset
den varme, gyldne
væske
vækker forundring
stod der ikke hvid the
på posen

Bristede forventninger

Kommunikation

er vigtig, jeg
kommunikerer
gennem mine tekster
tovejskommunikation
er især vigtig
respons
ørenlyd
forståelse
vi lever i en verden
fyldt med…

…kommunikation
er vigtig
jeg drukner i
reklameskilte
aviser, fjernsynet
magasiner
ugeblade, bøger
min fastnettelefon, mails
SMS, mobiltelefonen
folk der standser mig
på gaden
hjemme
i forretninger
de handlende
alt er…

…kommunikation
er vigtig
jeg sukker
sletter mine uåbnede
mails, tager ikke
telefonerne
svarer ingen SMS
tovejskommunikationen
blokeres
jeg vil ikke tvinges
til…

…kommunikation
er vigtig
jeg drosler ned
vil ha' fred.

Høreskadede politikere

De er lydhøre, smiler
til mig på gaden
og fra plakater
de deltager ivrigt i
paneler, debatterer og
svarer på mine spørgsmål

I valgkampen er alle
politikere lydhøre, de
opfanger det mindste
signal, der er
ingen grænser
vi kommunikerer

Efter valget sætter
et pludseligt opstået
kollektivt handicap
sit præg på debatten
evnen til at forstå
hinanden, vi
har mistet evnen
til at kommunikere

Knap nok har vælgerne
afgivet deres stemme
før end politikerne mister
evnen
til at høre den
vi burde beholde vores
stemmer, nøjes
med et kryds
bevare talens brug, evnen
til at sige ord
mon vi så stadigvæk ville
blive hørt
kommunikere

Voldtaget

Langsomt sætter toget i bevægelse
røgen fra lokomotivet
kæmper en håbløs kamp
med tågedisen, om at hindre
udsynet fra kupéens vindue

Det skingre signal fra dampfløjten
signalerer
at en periode i mit liv
er forbi og et nyt kan begynde

Jeg flygter
fra min fortid, fordømmelsen
voldtægten de nedladende blikke

Regnen tegner grå striber
i det tilsodede glas
jeg føler mig lige så beskidt
som toget

Som regnen forsøger at
rense toget
stod jeg under bruseren
i timevis

umuligt at vaske af

Min flugt er håbløs
jeg har min
voldtagne krop
som følgesvend

Langsomt sætter toget i bevægelse
hjulenes plejlstang
pumper nådesløst frem
og tilbage
som en voldtægtsmands penis
det
dunker i mit skød

Mine tårer vasker ruden
indvendig
lokomotivets fløjte lyder
som da han fløjtende
forlod mig, blodig
skamfuld i porten.

Gaven

Min mave vokser, jeg
bliver større og større
hans gave er skyld i
min nuværende tilstand
det skete en varm forårsnat
han trængte ind i mig
og sprøjtede millioner
af gaver
ind i min krop

Jeg var overvældet
hvilken skulle jeg vælge
alle var de utroligt søde
med deres små haler
der piskede
som besatte

Hvilken sædcelle vil blive til
det bedste barn, jeg
lod tilfældet råde
lukkede øjnene og valgte
én, der fik adgang til mit æg
på det tidspunkt kunne
jeg ikke bruge byttemærket
til noget, tiden var overskredet
gaven kunne ikke mere byttes

Jeg mærker på min mave
en gave, der udvikler sig
en gør det selv gave, en
form for bodybuilding
en gave der gav liv
en gave for livet

Hymner til Limfjorden, egnen & dens litteratur

Du Limfjord så Smuk.

Den slumrende sol stiger langsomt i øst,
og siger godmorgen til by og til kyst.
Den spejler sit lys i det rolige vand,
et varsel om endnu en dag.
Du gengælder strålernes gryende suk,
du Limfjord så smuk.

Ved Agger du slikker på tangen så småt,
for varmende stråler de klæder den godt,
Du siger goddag til en fiskende mand,
li'som solen har ikke jag.
Du gengælder strålernes gryende suk,
du Limfjord så smuk.

Lemvig når du stille – den slumrende by,
som vækkes til live ved din morgengry.
En kutter den svajer og lægger fra land,
vi håber, den ej går i kvag.
Du gengælder strålernes gryende suk,
du Limfjord så smuk.

Selv Thisted og Struer vågner blidt ved dit lys,
det er, som om strålerne gir dem et kys.
Man står ud af fjerene gør sig i stand,
med søvnen man ta'r brydetag
Du gengælder strålernes gryende suk,
du Limfjord så smuk.

I Skive er havnens pulserende liv,
dit lys giver byen kontrast – perspektiv.
Sig Limfjorden netter slidt af tidens tand,
den føler trods alt velbehag.
Du gengælder strålernes gryende suk,
du Limfjord så smuk.

Løgstør mærker varmen og glædes på ny,
du har kære Limfjord så mangen en by.
   De klæder dig flot som en hel himmelrand,
   som kvinden der bærer et slag.
Du gengælder strålernes gryende suk,
du Limfjord så smuk.

Ak Aalborg du haster så hurtigt forbi,
for Hals skal du nå - give må din magi.
   Før Kattegat venter - det krusende vand,
   til solen du sagde goddag.
Du gengælder strålernes gryende suk,
du Limfjord så smuk.

Limfjordsegnens litteratur

er smuk
som den blanke fjord
den trænger ind
i sjæl og i sind
med sine utallige ord
den spreder lyset
når natten stunder
som byerne ved din bred
vi overraskes og glædes over
dens store mangfoldighed
som vand
kan den ikke stoppes
hver sprække
i hjernen blir fuld
vi indser, vi sidder inde
med en åre af pureste guld

Med andre ord

Morse
(/ – – / – – – / · – · / · · · / · /)

· · / – · / · · · / · – – – / · / – – · · / – / – – – / · – · /
– – / – – – / · – · / · · · / · / / · / · – · /
– · · · / – – – / · – · / – / · /
· – · / – – – / · · · – / · / · – – · / – · / · · / / – – · / · – – · – / · – · /
· · – · / · – · / · · /
· · / – · · – / – · – / · / / · · – · / · – · · / · / · – · / · – – · / · /
· – – · / · · / – · / – / · · · /
· – – / · – / – – · / – · / · / · – · / · · · /
– / – – – / – · / · / · – – · / / · / · – – · /
· · – · / – – – / · – · / – · · · / · · /

Hvor er jeg blind

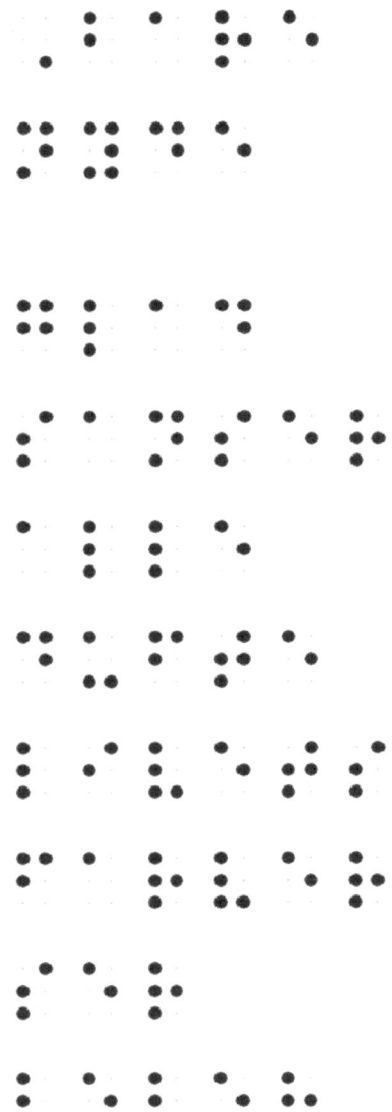

Øjne er ører

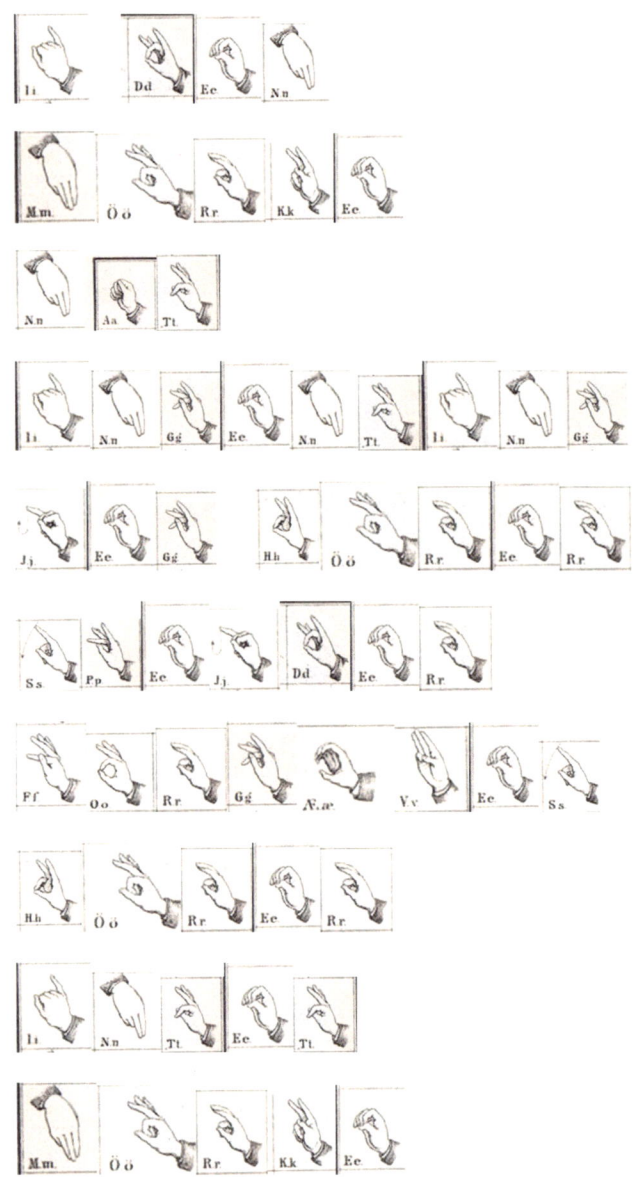

Revision

13-9-20 / 12-9-22 / 5-18 / 18-5-22-9-4-5-18-5-20 /
4-5-18 / 5-18 / 18-28-4-5 / 20-1-12 / 16-29 /
2-21-14-4-12-9-14-10-5-14 /
5-20 / 11-1-15-20-9-19-11 / 29-18, / 14-5-7-1-20-9-22 /
5-7-5-14-11-1-16-9-20-1-12 /
21-4-7-9-6-20-5-18-14-5 / 19-20-28-18-18-5, / 5-14-4 /
9-14-4-20-27-7-20-5-18-14-5 /
13-9-20 / 19-10-27-12-5-12-9-7-5 / 6-15-18-2-18-21-7 /
8-1-18 / 21-27-18-5-20 / 6-15-18 / 19-20-15-18-20 /
9-14-20-5-20 / 13-29-4-5-8-15-12-5 /
13-9-14 / 19-10-27-12-19 / 11-18-5-4-9-20-15-18-5-18 /
19-5-14-4-5-18 / 18-21-4-5-11-21-22-5-18-20-5-18 /
15-16-19-28-7-5-18 / 4-5-14 /
4-5-20 / 5-14-5-19-20-5, / 4-5-18 / 11-1-14 /
18-5-4-4-5 / 4-5-14 / 5-18 /
5-14 / 7-27-12-4-19-19-1-14-5-18-9-14-7 /
13-29-4-5-8-15-12-4 / 19-11-1-12 / 6-29 / 4-5-14 /
20-9-12 / 1-20 / 15-22-5-18-12-5-22-5 /

Forladt

1. Første Mosebog 1, "2" – ordene 2, 3, 4, 5 & 6
2. Første Mosebog 1, "5" – ordene 19 & 20, "12" – 8. ord
3. Første Mosebog 2, "15" – femte ord
4. Første Mosebog 4, "10" – ordene 4, 5, 6 & 7
5. Første Mosebog 4, "13" – ordene 6, 7, 8, 9, 10, 11 & 12
6. Første Mosebog 6, "7" – ordene 23 & 24
7. Første Mosebog 9, "4" – fjerde ord & sjette ord
8. Første Mosebog 14, "24", elvte ord
9. Første Mosebog 15, "17", ordene 17, 18 & 19
10. Første Mosebog 19, "8", ordene 2 & 30, "12" ordene 29 til og med 32
11. Første Mosebog 18, "27", ordene 18 til og med 24
12. Den danske salmebog – salme 197 – første vers – 2. linie.

Første Mosebog findes på:

http://www.kalliope.org/vaerktoc.pl?vid=bibel/1mose

Én verden - mange bogstaver

Jeg lever i en global
verden
kan færdes overalt, men
mit efternavn, vil man
mange steder, ikke
kendes ved
jeg kan godt komme ind
måske
blive integreret
måske
men efternavnet må jeg
til evig tid
skrive med bogstaverne
fra den indoeuropæiske
sprogfamilie
det bliver aldrig annekteret

Louise har en chance
kan rejse ud i verden
Falsig må klare sig
selv, blive hjemme

Louise Falsig

Arabisk:
لويــــز فالســـيج

Hebraisk:
Falsig לואיז

Japansk:
ルイーズFalsig

Kinesisk (traditionel):

露易絲 Falsig

Kinesisk (Forenklet):

露易丝Falsig

Koreansk:

루이스 Falsig

Persisk:

لوییز Falsig

Russisk:

Луиза Falsig

Yiddish:

לויז פֿאַלסיג

Fotograf: Photocare i Thisted